»Es war ein Abend, wie geschaffen für Wunder und Mirakel.«

Als alle Süßigkeiten verteilt sind, stellt Sankt Nikolaus fest, daß »das bravste Kind der Welt« noch nicht beschenkt wurde – dabei wünscht sich Cäcilie nichts sehnlicher als das große Schokoladenschiff aus Trinchen Mutsers Laden. Sankt Nikolaus muß sich einiges einfallen lassen, um den Wunsch zu erfüllen.

Die vergnügliche Nikolausgeschichte zwischen Eierwaffel- und Süßrahmbutterstraße, die Aljoscha Blau phantasievoll und mit viel Witz und Wärme illustriert hat, entführt seit Generationen Leser in die magische Atmosphäre der Nikolausnacht.

Felix Timmermans (1886–1947) ist der bedeutendste Vertreter der flämischen Dichtung in der ersten Hälfte des 20. Jahrhunderts.

Aljoscha Blau wurde 1972 in Leningrad geboren. Er studierte Grafik, Illustration, Zeichnen und Malerei in Hamburg und St. Petersburg. Seit 1997 ist er freischaffender Künstler und Illustrator. Für seine Kinderbuchillustrationen wurde er vielfach ausgezeichnet, u. a. mit dem Bologna Ragazzi Award und dem Deutschen Jugendliteraturpreis. Blau lebt in Berlin.

insel taschenbuch 4178
Felix Timmermans
Sankt Nikolaus in Not
Mit Illustrationen von Aljoscha Blau

Felix Timmermans
Sankt Nikolaus in Not

Aus dem Flämischen von Anna Valeton-Hoos
Mit Illustrationen von Aljoscha Blau

Insel Verlag

Diese Übersetzung erschien erstmals 1926 im
Insel-Verlag Anton Kippenberg, Leipzig
Umschlagabbildung: Aljoscha Blau

Erste Auflage 2012
insel taschenbuch 4178
Originalausgabe
© Insel Verlag Berlin 2012
Alle Rechte vorbehalten, insbesondere das
des öffentlichen Vortrags sowie der Übertragung durch
Rundfunk und Fernsehen, auch einzelner Teile.
Kein Teil des Werkes darf in irgendeiner Form
(durch Fotografie, Mikrofilm oder andere Verfahren)
ohne schriftliche Genehmigung des Verlages reproduziert
oder unter Verwendung elektronischer Systeme verarbeitet,
vervielfältigt oder verbreitet werden.
Vertrieb durch den Suhrkamp Taschenbuch Verlag
Druck: Kösel, Krugzell
Printed in Germany
ISBN 978-3-458-35878-7

Sankt Nikolaus in Not

Es fielen noch ein paar mollige Flocken aus der wegziehenden Schneewolke, und da stand auf einmal auch schon der runde Mond leuchtend über dem weißen Turm.

Die beschneite Stadt wurde eine silberne Stadt.

Es war ein Abend von flaumweicher Stille und lilienreiner Friedsamkeit. Und wären die flimmernden Sterne herniedergesunken, um als Heilige in goldenen Meßgewändern durch die Straßen zu wandeln – niemand hätte sich gewundert.

Es war ein Abend, wie geschaffen für Wunder und Mirakel. Aber keiner sah die begnadete Schönheit des alten Städtchens unter dem mondbeschienenen Schnee.

Die Menschen schliefen.

Nur der Dichter Remoldus Keersmaeckers, der in allem das Schöne sah und darum lange Haare trug, saß noch bei Kerzenschein und Pfeifenrauch und reimte ein Gedicht auf die Götter des Olymps und die Herrlichkeit des griechischen Himmels, die er so innig auf Holzschnitten bewundert hatte.

Der Nachtwächter Dries Andijvel, der auf dem Turm die Wache hielt, huschte alle Viertelstunden hinaus, blies eilig drei Töne in die vier Windrichtungen, kroch dann zurück in die warme, holzgetäfelte Kammer zum bullernden Kanonenöfchen und las weiter in seinem Liederbüchlein: »Der flämische Barde, hundert Lieder für fünf Groschen.« War eins dabei, von dem er die Weise kannte, dann kratzte er die auf einer alten Geige und sang das Lied durch seinen weißen Bart, daß es bis hoch ins rabenschwarze Gerüst des Turmes schallte. Ein kühles Gläschen Bier schmierte ihm jedesmal zur Belohnung die Kehle.

Trinchen Mutser aus dem »Verzuckerten Nasenflügel« saß in der Küche und sah traurig durch das Kreuzfensterchen in ihren Laden.

Ihr Herz war in einen Dornbusch gefallen. Trinchen Mutsers Herz war ganz durchstochen und durchbohrt, nicht weil all ihr Zuckerzeug heut am Sankt-Nikolaus-Abend ausverkauft war – ach nein! weil das große Schokoladenschiff stehengeblieben war. Einen halben Meter war es hoch und so lang wie von hier bis dort! Wie wunderschön stand es da hinter den flaschengrünen Scheiben ihres Lädchens, lustig mit Silberpapier beklebt, verziert mit rosa Zuckerrosetten, mit Leiterchen aus weißem Zucker und mit Rauch in den Schornsteinen. Der Rauch war weiße Watte.

Das ganze Stück kostete soviel wie all die kleinen Leckereien, die Pfefferkuchenhähne mit einem Federchen am Hintern, die Knusperchen, die Schaumflocken, die Zuckerbohnen und die Schokoladenplätzchen zusammen. Und wenn das Stück, das Schiff aus Schokolade, das sich in rosa Zuckerbuchstaben als die »Kongo« auswies, nicht verkauft wurde, dann lag ihr ganzer Verdienst im Wasser, und sie verlor noch Geld obendrein.

Warum hat sie das auch kaufen müssen? Wo hat sie nur ihre Gedanken gehabt! So ein kostbares Stück für ihren bescheidenen kleinen Laden!

Wohl waren alle gekommen, um es sich anzusehn, Mütter und Kinder, sie hatte dadurch verkauft wie noch nie. Aber kein Mensch fragte nach dem Preis, und so blieb es stehen und rauchte immer noch seine weiße Watte, stumm wie ein toter Fisch.

Als Frau Doktor Vaes gekommen war, um Varenbergsche Hustenbonbons zu holen, da hatte Trinchen gesagt: »Sehen Sie nur mal, Frau Doktor Vaes, was für ein schönes Schiff! Wenn ich Sie wäre, dann würde ich Ihren Kindern nichts anderes zum Sankt Nikolaus schenken als dieses Schiff. Sie werden selig sein, wie im Himmel.«

»Ach«, sagte Frau Vaes abwehrend, »Sankt Nikolaus ist ein armer Mann. Die Kinder werden schon viel zu sehr verwöhnt, und außerdem gehen die Geschäfte von dem Herrn Doktor viel zu schlecht. Wissen Sie wohl, Trinchen, daß es in diesem Winter fast keine Kranken gibt? Wenn das nicht besser wird, weiß ich gar nicht, was wir anfangen sollen.« Und sie kaufte zwei Pfefferkuchenhähne auf einem Stäbchen und ließ sich tagelang nicht mehr sehen.

Und heute war Nikolausabend; aller Kleinkram war verkauft, nur die »Kongo« stand noch da in ihrer braunen Kongofarbe und rauchte einsam und verlassen ihre weiße Watte. Zwanzig Franken Verlust! Der ganze Horizont war schwarz wie die »Kongo« selber. Vielleicht könnte man sie stückweise verkaufen oder verlosen? Ach nein, das brachte noch nicht fünf Franken ein, und sie konnte das Ding doch nicht auf die Kommode stellen neben die anderen Nippsachen.

Ihr Herz war in einen Dornbusch gefallen. Sie zündete eine Kerze an für den heiligen Antonius und eine für Sankt Nikolaus und betete einen

Rosenkranz, auf daß der Himmel sich des Schiffes annehmen möge und Gnade tauen. Sie wartete und wartete.

Die Stille wanderte auf und ab.

Um zehn Uhr machte sie die Fensterläden zu und konnte in ihrem Bett vor Kummer nicht schlafen.

Und es gab noch ein viertes Wesen in dem verschneiten Städtchen, das nicht schlief. Das war ein kleines Kind, Cäcilie; es hatte ein seidig blondes Lockenköpfchen und war so arm, daß es sich nie mit Seife waschen konnte, und ein Hemdchen trug es, das nur noch einen Ärmel hatte und am Saum ausgefranst war wie Eiszapfen an der Dachrinne.

Die kleine Cäcilie saß, während ihre Eltern oben schliefen, unter dem Kamin und wartete, bis Sankt Nikolaus das Schokoladenschiff von Trinchen Mutser durch den Schornstein herunterwerfen würde. Sie wußte, es würde ihr gebracht werden; sie hatte es jede Nacht geträumt, und nun saß sie da und wartete voller Zuversicht und Geduld darauf; und weil sie fürchtete, das Schiff könne beim Fallen kaputtgehen, hatte sie sich ihr Kopfkissen auf den Arm gelegt, damit es weich wie eine Feder darauf niedersinken könnte.

Und während nun die vier wachenden Menschen im Städtchen: der Dichter, der Turmwächter, Trinchen Mutser und Cäcilie, ein jedes mit seiner Freude, seinem Kummer oder seiner Sehnsucht beschäftigt, nichts sahen von der Nacht, die war wie ein Palast, öffnete sich der Mond wie ein runder Ofen mit silberner runder Tür, und es stürzte aus der Mondhöhle eine solche strahlende Klarheit hernieder, daß sie sich auch mit goldener Feder nicht beschreiben ließe.

Einen Augenblick lang fiel das echte Licht aus dem wirklichen Himmel auf die Erde. Das geschah, um Sankt Nikolaus auf seinem weißen, schwer beladenen Eselchen und den schwarzen Knecht Ruprecht durchzulassen.

Aber wie kamen sie nun auf die Erde? Ganz einfach. Das Eselchen stellte sich auf einen Mondstrahl, stemmte die Beine steif und glitschte herunter, wie auf einer schrägen Eisbahn. Und der schlaue Knecht Ruprecht faßte den Schwanz vom Eselchen und ließ sich behaglich mitziehen, auf den Fersen hockend. So kamen sie ins Städtchen, mitten auf den beschneiten Großen Markt.

In Körben, die zu beiden Seiten des Eselchens hingen, dufteten die bunten Leckereien, die Knecht Ruprecht unter der Aufsicht von Sankt Nikolaus in der Konditorei des Himmels gebakken hatte. Und als man sah, daß es nicht reichte und der Zucker zu Ende ging, da hatte Knecht Ruprecht sich in Zivil geworfen, um unerkannt in den Läden, auch bei Trinchen Mutser, Süßigkeiten zu kaufen, von dem Geld aus den Sankt-Nikolaus-Opferstöcken, die er alle Jahre einmal in den Kirchen ausleeren durfte.

Mit all den Leckereien war er an einem Mondstrahl in den schönen Himmel hinaufgeklettert, und nun mußte das alles verteilt werden an die kleinen Freunde von Sankt Nikolaus.

Sankt Nikolaus ritt durch die Straßen, und bei jedem Haus, in dem ein Kind wohnte, gab er je nach der Artigkeit des Kindes dem Knecht Ruprecht Leckereien, welche dieser, mit Katzengeschmeidigkeit an Regenkandeln und Dachrinnen entlang kletternd und über die Ziegel krabbelnd, zum Schornstein brachte; da ließ er sie dann vorsichtig hinunterfallen durch das kalte zugige Kaminloch, gerade auf einen Teller oder in einen Holzschuh hinein, ohne die zerbrechlichen Köstlichkeiten auch nur etwas zu bestoßen oder zu schrammen.

Knecht Ruprecht verstand sich auf seine Sache, und Sankt Nikolaus liebte ihn wie seinen Augapfel.

So bearbeiteten sie das ganze Städtchen, warfen herab, wo zu werfen war, sogar hier und da eine harte Rute für rechte Taugenichtse.

»Da wären wir bis zum nächsten Jahr wieder mal fertig«, sagte der Knecht Ruprecht, als er die leeren Körbe sah. Er steckte sich sein Pfeifchen an und stieß einen erleichterten Seufzer aus, weil die Arbeit nun getan war.

»Was?« fragte Sankt Nikolaus beunruhigt. »Ist nichts mehr drin? Und die kleine Cäcilie? Die brave kleine Cäcilie? Schscht!«

Sankt Nikolaus sah auf einmal, daß sie vor Cäciliens Haus standen, und legte mahnend den Finger auf den Mund. Doch das Kind hatte die warme, brummende Stimme gehört wie Hummelgesumm, machte große Augen unter dem goldenen Lockenkopf, glitt ans Fenster, schob das Gardinchen weg und sah Sankt Nikolaus, den wirklichen Sankt Nikolaus.

Das Kind stand mit offenem Munde staunend

da. Und während es sich gar nicht fassen konnte über den goldenen Bischofsmantel, der funkelte von bunten Edelsteinen wie ein Garten, über die Pracht der Mitra, worauf ein diamantenes Kreuz Licht in die Nacht hineinschnitt wie mit Messern, über den Reichtum der Ornamente am Krummstab, wo ein silberner Pelikan das Rubinenblut pickte für seine Jungen, während sie die feine Spitze besah, die über den purpurnen Mantel schleierte, während sie Gefallen fand an dem guten weißen Eselchen, und während sie lachen mußte über die Grimassen von dem drolligen schwarzen Knecht, der die weißen Augen herumrollte, als ob sie lose wie Taubeneier in seinem Kopf lägen, während alledem hörte sie die zwei Männer also miteinander reden:

»Ist gar nichts mehr in den Körben, lieber Ruprecht?«

»Nein, heiliger Herr, so wenig wie in meinem Geldsäckel.«

»Sieh noch einmal gut nach, Ruprecht!«

»Ja, heiliger Herr, und wenn ich die Körbe auch ausquetsche, so kommt doch nicht soviel heraus wie eine Stecknadel.«

Sankt Nikolaus strich kummervoll über seinen

schneeweißen Lockenbart und zwinkerte mit seinen honiggelben Augen.

»Ach«, sagte der schwarze Knecht, »da ist nun doch nichts mehr zu machen, heiliger Herr. Schreib der kleinen Cäcilie, daß sie im kommenden Jahr doppelt und dreimal soviel kriegen soll.«

»Niemals! Ruprecht! Ich, der ich im Himmel wohnen darf, weil ich drei Kinder, die schon zerschnitten und eingepökelt waren, wieder zum Leben gebracht und ihrer Mutter zurückgegeben habe, ich sollte nun diese kleine Cäcilie, das bravste Kind der ganzen Welt, leer ausgehen lassen und ihm eine schlechte Meinung von mir beibringen? Nie, Ruprecht! Nie!«

Knecht Ruprecht rauchte heftig, das brachte auf gute Gedanken, und sagte plötzlich: »Aber, heiliger Herr, nun hört mal zu! Wir haben keine Zeit mehr, um noch einmal zum Himmel zurückzukehren. Ihr wißt, für Sankt Peter ist der Himmel kein Taubenschlag. Und außerdem, der Backofen ist kalt und der Zucker zu Ende. Und hier in der Stadt schläft alles, und es ist Euch sowohl wie mir verboten, Menschen zu wecken, und zudem sind auch alle Läden ausverkauft.«

Sankt Nikolaus strich nachdenklich über seine von vier Falten durchzogene Stirn, neben der schon Löckchen glänzten, denn sein Bart begann dicht unter dem Rande seines schönen Hutes.

Ich brauche euch nicht zu erzählen, wie Cäcilie langsam immer bekümmerter wurde von all den Worten. Das reiche Schiff sollte nicht bei ihr stranden! Und auf einmal schoß es leuchtend durch ihr Köpfchen. Sie machte die Tür auf und stand in ihrem zerschlissenen Hemdchen auf der Schwelle. Sankt Nikolaus und Knecht Ruprecht fuhren zusammen wie die Kaninchen. Doch Cäcilie schlug ehrerbietig ein Kreuz, stapfte mit ihren bloßen Füßchen in den Schnee und ging zu dem heiligen Kinderfreund. »Guten Tag, lieber Sankt Nikolaus«, stammelte das Kind. »Alles ist noch nicht ausverkauft ... bei Trinchen Mutser steht noch ein großes Schokoladenschiff vom Kongo ... wie sie die Läden vorgehängt hat, stand es noch da. Ich hab es gesehen!«

Von seinem Schreck sich erholend, rief Sankt Nikolaus erfreut: »Siehst du wohl, es ist noch nicht alles ausverkauft! Auf zu Trinchen Mutser! Zu Trinchen ... aber ach! ...«, und seine Stimme zitterte verzweifelt, »wir dürfen niemand wecken.«

»Ich auch nicht, Sankt Nikolaus?« fragte das Kind.

»Bravo!« rief der Heilige, »wir sind gerettet, kommt!«

Und sie gingen mitten auf der Straße, die kleine Cäcilie mit ihren bloßen Füßen voran, gerade nach der Eierwaffelstraße, wo Trinchen Mutser wohnte. In der Süßrahmbutterstraße wurde ihr Blick auf ein erleuchtetes Fenster gelenkt. Auf dem heruntergelassenen Vorhang sahen sie den Schatten von einem dürren, langhaarigen Menschen, der mit einem Büchlein und einer Pfeife in der Hand große Gebärden machte, und sein Mund ging dabei auf und zu.

»Ein Dichter«, sagte Sankt Nikolaus und lächelte.

Sie kamen vor Trinchen Mutsers Haus. Im Mondlicht konnten sie gut das Aushängeschild erkennen: »Zum verzuckerten Nasenflügel«.

»Weck sie rasch auf«, sagte Sankt Nikolaus. Und das Kindchen lehnte sich mit dem Rücken an die Tür und klopfte mit der Ferse gegen das Holz. Aber das klang leise wie ein Samthämmerchen. »Stärker«, sagte der schwarze Knecht. »Wenn ich noch stärker klopfe, wird's noch we-

niger gehen, denn mein Fuß tut mir weh«, sagte das Kind.

»Mit den Fäusten«, sagte Knecht Ruprecht. Doch die Fäustchen waren noch leiser als die Fersen.

»Wart, ich werd meinen Schuh ausziehen, dann kannst du damit klopfen«, sagte Knecht Ruprecht.

»Nein«, gebot Sankt Nikolaus, »kein Drehn und Deuteln! Gott ist heller um uns als dieser Mondschein und duldet keine Advokatenkniffe.« Und doch hätte der gute Mann sich gern einen Finger abgebissen, um Cäcilie befriedigen zu können.

»Ach! aber den Kerl mit den Affenhaaren auf dem Vorhang«, rief Knecht Ruprecht erfreut, »den darf ich rufen, der schläft nicht!«

»Der Dichter! Der Dichter!« lachte Sankt Nikolaus. Und nun gingen sie alle drei schnell zu dem Dichter Remoldus Keersmaeckers.

Und kurzerhand machte Knecht Ruprecht kleine Schneebälle, die er ans Fenster warf. Der Schatten stand still, das Fenster ging auf, und das lange Gestell des Dichters, der Verse von den Göttern und Göttinnen des Olymps hersagte, wurde im Mondschein sichtbar und fragte von oben:

»Welche Muse kommt, um mir Heldengesänge zu diktieren?«

»Du sollst Trinchen Mutser für uns wecken«, rief Sankt Nikolaus, und er erzählte seine Not.

»Ja, bist du denn der wirkliche Sankt Nikolaus?« fragte Remoldus.

»Der bin ich!« Und darauf kam der Dichter erfreut herunter, jätete allen Dialekt aus seiner Sprache, machte Verbeugungen und redete von Dante, Beatrice, Vondel, Milton und anderen Dichtergestalten, die er im Himmel glaubte. Er stand zu Diensten.

Sie kamen zu Trinchen Mutser, und der Dichter stampfte und rammelte mit so viel Temperament an der Tür, daß das Frauenzimmer holterdiepolter aus dem Bett stürmte und erschrocken das Fenster öffnete.

»Geht die Welt unter?«

»Wir kommen wegen dem großen Schokoladenschiff«, sagte Sankt Nikolaus, weiter konnte er ihr nichts erklären, denn sie war schon weg und kam wieder in ihrer lächerlichen Nachtbekleidung, mit einem bloßen Fuß und einem Strumpf in der Hand, und machte die Türe auf.

Sie steckte die Lampe an und ging sofort hin-

ter den Ladentisch, um zu bedienen. Sie dachte, es müsse der Bischof von Mecheln sein.

»Herr Bischof«, sagte sie stotternd, »hier ist das Schiff aus bester Schokolade, und es kostet fünfundzwanzig Franken.« Der Preis war nur zwanzig Franken, aber ein Bischof kann ja gern fünf Franken mehr bezahlen.

Aber nun platzte die Bombe! Geld! Sankt Nikolaus hatte kein Geld, das hat man im Himmel nun einmal nicht nötig. Knecht Ruprecht hatte auch kein Geld, das Kind hatte nur ein zerschlissenes Hemdchen an, und der Dichter kaute an seinem langen Haupt- und Barthaar vor Hunger – er war vier Wochen Miete schuldig.

Niedergeschlagen sahen sie einander an.

»Es ist Gott zuliebe«, sagte Sankt Nikolaus. Gerne hätte er seine Mitra gegeben, aber alles das war ihm vom Himmel geliehen, und es wäre Heiligenschändung gewesen, es wegzugeben.

Trinchen Mutser betrachtete sie finster.

»Tu es dem Himmel zuliebe«, sagte Knecht Ruprecht. »Nächstes Jahr will ich auch deinen ganzen Laden aufkaufen.«

»Tu es aus lauter Poesie«, sagte der Dichter theatralisch.

Aber Trinchen rührte sich nicht, sie fing an zu glauben, daß es verkleidete Diebe seien.

»Schert euch raus! Hilfe! Hilfe!« schrie sie auf einmal. »Schert euch raus! Heiliger Antonius und Sankt Nikolaus, steht mir bei!«

»Aber ich bin doch selbst Sankt Nikolaus«, sagte der Heilige.

»So siehst du aus! Du hast nicht mal einen roten Heller aufzuweisen!«

»Ach, das Geld, das alle Bruderliebe vergiftet!« seufzte Sankt Nikolaus.

»Das Geld, das die edle Poesie verpfuscht!« seufzte der Dichter Keersmaeckers.

»Und die armen Leute arm macht«, schoß es der kleinen Cäcilie durch den Kopf.

»Und ein Schornsteinfegerherz doch nicht weiß klopfen machen kann«, lachte Knecht Ruprecht. Und sie gingen hinaus.

In der Mondnacht, die still war von Frostesklarheit und Schnee, tönte das »Schlafet ruhig« hart und hell vom Turm.

»Noch einer, der nicht schläft«, rief Sankt Nikolaus erfreut, und sogleich steckte Knecht Ruprecht auch schon den Fuß zwischen die Tür, die Trinchen wütend zuschlagen wollte.

»Haltet ihr mir die Frau wach«, sagte der schwarze Knecht, »ich komme sofort zurück!« Und damit stieß er die Tür wieder auf, und zwar so heftig, daß Trinchen sich plötzlich in einem Korb voll Zwiebeln wiederfand.

Und während die andern aufs neue hineingingen, sprang Knecht Ruprecht auf das Eselchen, sauste wie ein Sensenstrich durch die Straßen, hielt vor dem Turm, kletterte an Zinnen, Vorsprüngen und Zieraten, Schiefern und Heiligenbildern den Turm hinauf bis zu Dries Andijvel, der gerade »Es wollt ein Jäger früh aufstehn« auf seiner Geige kratzte.

Der Mann ließ Geige und Lied fallen, aber Knecht Ruprecht erzählte ihm alles.

»Erst sehen und dann glauben!« sagte Dries. Knecht Ruprecht kriegte ihn am Ende doch mit hinunter, und zu zweit rasten sie auf dem Eselchen durch die Straßen nach dem »Verzuckerten Nasenflügel«.

Sankt Nikolaus fiel vor dem Nachtwächter auf die Knie und flehte ihn an, doch die fünfundzwanzig Franken zu bezahlen, dann solle ihm auch alles Glück der Welt werden.

Der Mann war gerührt und sagte zu dem ungläubigen, hartherzigen Trinchen: »Ich weiß nicht, ob er lügt, aber so sieht Sankt Nikolaus doch aus in den Bilderbüchern von unsern Kindern und im Kirchenfenster über dem Taufstein. Und wenn er's nun wirklich ist! Gib ihm doch das Schiff! Morgen werde ich dir's bezahlen ...!«

Trinchen hatte großes Vertrauen zu dem Nachtwächter, der aus ihrer Nachbarschaft war. Und Sankt Nikolaus bekam das Schiff.

»Jetzt geh nur schnell nach Hause und leg dich schlafen«, sagte Sankt Nikolaus zu Cäcilie. »Wir bringen gleich das Schiff.«

Das Kind ging nach Hause, aber es schlief nicht, es saß am Kamin mit dem Kissen auf den Ärmchen und wartete auf das Niedersinken des Schiffes.

Der Mond sah gerade in das armselig-traurige Kämmerchen.

Ach, was sah Cäcilie da auf einmal!

Dort auf einem glitzernden Mondstrahl kletterte das Eselchen in die Höhe mit Sankt Nikolaus auf seinem Rücken, und Knecht Ruprecht hielt sich am Schwanz fest und ließ sich mitschleifen. Der Mond öffnete sich; ein sanftes, großes Licht fiel in funkelnden Regenbogenfarben

über die beschneite Welt. Sankt Nikolaus grüßte die Erde, trat hinein, und wieder war da das gewöhnliche grüne Mondenlicht.

Die kleine Cäcilie wollte weinen. Knecht Ruprecht oder der gute Heilige hatten das Schiff nicht gebracht, es lag nicht auf dem Kissen.

Aber siehe! Was für ein Glück, das Schiff, die »Kongo«, stand ja da, in der kalten Asche, ohne Delle, ohne Bruch, strahlend von Silber, und rauchte für mindestens zwei Groschen weiße Watte aus beiden Schornsteinen! Wie war das möglich? Wie konnte das so in aller Stille geschehen ...?

Ja, das weiß nun niemand, das ist die Findigkeit und die große Geschicklichkeit vom Knecht Ruprecht, und die gibt er niemand preis.

Weihnachtsbücher im insel taschenbuch

Hans Christian Andersen. Die Schneekönigin. Ein Märchen in sieben Geschichten. Aus dem Dänischen von Mathilde Mann. Mit farbigen Illustrationen von Birgit Ackermann. it 2578. 104 Seiten

Elizabeth von Arnim. Weihnachten. Ausgewählt und aus dem Englischen übersetzt von Angelika Beck. Großdruck. it 2406. 125 Seiten

Frank Lyman Baum. Der Weihnachtsmann oder Das abenteuerliche Leben des Santa Claus. Aus dem Englischen von Hans-Christian Oeser. it 3634. 148 Seiten

Das Weihnachtsbuch. Mit alten und neuen Geschichten, Gedichten und Liedern. Ausgewählt von Elisabeth Borchers. it 46. 296 Seiten

Das Winterbuch. Gedichte und Prosa. Ausgewählt von Hans Bender und Hans Georg Schwark. it 728. 253 Seiten

Charles Dickens. Die Weihnachten des Mr. Scrooge. it 4062. 145 Seiten

Charles Dickens. Weihnachtserzählungen. it 358. 503 Seiten

Die schönsten Weihnachtsgedichte. Ausgewählt von Gesine Dammel. Gebundene Sonderausgabe. it 3228. 94 Seiten

Die schönsten Weihnachtsgedichte. Ausgewählt von Gesine Dammel. it 2580. 122 Seiten

Die schönsten Weihnachtsgedichte. Ausgewählt von Gesine Dammel. it 4067. 114 Seiten

Die schönsten Weihnachtsgeschichten für Kinder. Ausgewählt von Günter Stolzenberger. Mit farbigen Illustrationen von Claudia Weikert. it 3442. 181 Seiten

Die schönsten Weihnachtsgeschichten. Ausgewählt von Gesine Dammel. it 2830. 144 Seiten

Die schönsten Weihnachtsgeschichten. Ausgewählt von Gesine Dammel. Gebundene Sonderausgabe. it 3229. 114 Seiten

Die schönsten Weihnachtsgeschichten. Ausgewählt von Gesine Dammel. it 4066. 126 Seiten

Die schönsten Weihnachtsgeschichten zum Vorlesen. Ausgewählt von Gesine Dammel. it 4180. 180 Seiten

Die schönsten Weihnachtslieder. Ausgewählt von Wolfgang Schneider. Gebundene Sonderausgabe. it 3231. 127 Seiten

Die schönsten Weihnachtsmärchen. Ausgewählt von Gesine Dammel. Gebundene Sonderausgabe. it 3230. 117 Seiten

Fröhlicher Advent. Geschichten, Gedichte und Rezepte. Ausgewählt von Gesine Dammel. it 3459. 191 Seiten

Geschichten vom Nikolaus. Gesammelt von Felix Karlinger. it 1769. 146 Seiten

Hermann Hesse. In Weihnachtszeiten. Betrachtungen, Gedichte und Aquarelle des Verfassers. Ausgewählt und mit einem Nachwort von Volker Michels. it 2418. 118 Seiten

Hermann Hesse. Weihnachten. Betrachtungen und Gedichte zur Winter- und Weihnachtszeit. Ausgewählt und mit einem Nachwort versehen von Volker Michels. it 3302. 106 Seiten

Hermann Hesse. Winter. Ausgewählt von Ulrike Anders. it 4193. 118 Seiten

E. T. A. Hoffmann. Die Abenteuer der Silvester-Nacht. Mit farbigen Illustrationen von Monika Wurmdobler. it 798. 80 Seiten

Marie Luise Kaschnitz. Weihnachten. Gedichte und Geschichten von der Heiligen Nacht und vom Winter. Ausgewählt von Iris Schnebel-Kaschnitz und Wolfgang Schneider. it 3305. 124 Seiten

Katzen im Schnee. Ausgewählt von Gesine Dammel.
it 4063. 132 Seiten
Märchen zur Weihnacht. Ein Hausbuch für groß und klein.
Ausgewählt von Franz-Heinrich Hackel. it 1649. 292 Seiten
Merry Christmas! Die schönsten Weihnachtsgeschichten
aus England. Ausgewählt und übersetzt von Ria und
Günther Blaicher. it 3301. 255 Seiten
Alexandros Papadiamantis. Die Heilige Nacht auf dem
Berg. Eine Weihnachtsgeschichte. Aus dem Griechischen
von Andrea Schellinger. Mit einem Nachwort von Danae
Coulmas. it 2419. 94 Seiten
Jean Paul. Die wunderbare Gesellschaft in der
Neujahrsnacht. Erzählungen. Ausgewählt und mit einem
Nachwort versehen von Hermann Hesse. it 2262. 139 Seiten
Rainer Maria Rilke. Weihnachten. Briefe, Gedichte und die
Erzählung »Das Christkind«. Ausgewählt und mit einem
Nachwort von Hella Sieber-Rilke. it 2865. 114 Seiten
Rainer Maria Rilke. Weihnachten. Briefe, Gedichte und die
Erzählung »Das Christkind«. Ausgewählt und mit einem
Nachwort von Hella Sieber-Rilke. it 3303. 114 Seiten
Rainer Maria Rilke. Winter. Ausgewählt und mit einem
Nachwort von Thilo von Pape. it 4192. 123 Seiten
Joachim Ringelnatz. Weihnachten. Ausgewählt und mit
einem Nachwort von Ute Maack. it 3304. 95 Seiten
Schlaf in tödlicher Ruh. Weihnachtliche Kriminalgeschichten. Ausgewählt von Carolin Bunk und Hans Sarkowicz.
it 3382. 177 Seiten
Theodor Storm. Knecht Ruprecht. Mit einem Nachwort
von Nadja Enzmann und Karl Kröhnke. Illustriert von Rolf
Köhler. it 2261. 55 Seiten